Die freie Wissenschaft

und der

Idealismus auf den deutschen Universitäten.

Akademische Festrede

von

Dr. theol. **Otto Ritschl,**
o. ö. Professor an der Universität Bonn.

Bonn,
A. Marcus und E. Webers Verlag.
1905.

Carl Georgi, Universitäts-Buchdruckerei in Bonn.

Vorwort.

Von der nachstehend abgedruckten akademischen Rede habe ich im vorigen Jahre, einige Tage nachdem ich sie gehalten hatte, nur erst einen Auszug in der Kölnischen Zeitung erscheinen lassen. Vielleicht findet auch jetzt noch und gerade jetzt ihre vollständige Veröffentlichung bei manchem Interesse, da die neuerdings so lebhaft erörterte akademische Freiheit die Freiheit der Wissenschaft und ihrer Lehre zur unumgänglichen Voraussetzung hat. Deren unbedingte Notwendigkeit habe ich in dieser Rede prinzipiell zu begründen und sie selbst vor allem auch in ihrer praktischen Bedeutung als Quelle eines unserem Volksleben wieder so dringend notwendigen Idealismus darzustellen und zu würdigen versucht.

Bonn, 12. Februar 1905.

Otto Ritschl.

Drei hohe Feiertage verzeichnet der Kalender unseres akademischen Jahres. Zum Beginn des Wintersemesters geht die Leitung unseres Gemeinwesens aus der Hand des bisherigen in die des neuen Rektors und Senates über. Am Schluss des Sommersemesters gedenken wir des hochherzigen Stifters der Universität Bonn, der diese Schöpfung eines noch mit bitterer Armut ringenden Staates dennoch mit königlicher Freigebigkeit ausgestattet und sich in den Herzen auch von uns Nachlebenden ein dankbares Gedächtnis gestiftet hat. Nicht ebenso wie diese beiden Feste gehört der heutige Feiertag unserer Korporation für sich allein. Indem wir den Geburtstag unseres königlichen Herrn, des deutschen Kaisers, festlich begehen, huldigen wir mit dem gesamten Vaterlande der erhabenen Person unseres erlauchten Monarchen. Aufrichtig und ehrfurchtsvoll bringen wir ihm unsere Glückwünsche dar: wir, eine Republik im Reiche des Geistes, ihm, dem mächtigen Gebieter über weite Provinzen, dem Hüter der Ordnung und des Rechts in seinem grossen Königreiche, dem Beschützer der Sicherheit und des Friedens in dem gewaltigen einigen Deutschland. In loyaler Treue blicken wir zu ihm auf als zu dem hohen Schutzherrn auch unserer Universität. Wir freuen uns nach bangen Tagen ernster Sorge befreiten Herzens der glücklichen Wiederherstellung seiner Gesundheit. Wir wünschen ihm, dass seine Regierung von langer Dauer und voll sei von reichem und immer reicherem Segen, geachtet wegen der Weisheit ihrer Fürsorge für das Wohl des Vaterlandes, glänzend in erfolgreichen Werken des Friedens und der Gerechtigkeit. In dieser Hoffnung vereinigen wir uns heute mit den Millionen von Deutschen, die in Stadt und Land aus fahnengeschmückten Häusern an festlicher Stätte zusammenströmen, um in feierlichen Reden, patriotischen Liedern und bei fröhlichen Gelagen den Kaiser zu grüssen und zu ehren.

In den brausenden Jubel des Volkes ziemt es unserer Gemeinschaft einen ernsteren Ton zu mischen. Mag er in dem Geschwirr der anderen Stimmen auch nur wie ein Unterton verhallen: die uns mit allen übrigen gemeinsame Gesinnung des Patriotismus kann, dem Charakter unserer akademischen Gemeinschaft entsprechend, nur einen Ausdruck finden, in dem zugleich auch die unserem Berufsstande anvertrauten Anliegen der menschlichen Kultur in ihrer Sonder- und Eigenart zur vollen Geltung kommen.

Seit Alters gilt die Pflege des Idealismus als der Stolz der deutschen Universitäten und als eine wichtige Aufgabe der ihren ständigen Mitgliedern obliegenden Lehrtätigkeit. Doch wird es andererseits von uns akademischen Lehrern als etwas selbstverständliches erwartet, dass wir die nüchternste aller menschlichen Künste, die Wissenschaft, die nur gedeiht, wenn sie mit unerbittlicher Kaltblütigkeit getrieben wird, mit allen Mitteln einer strengen Methode üben und zu fördern suchen. Wie stimmt nun aber beides mit einander zusammen, dieses Streben nach äusserster Klarheit und Konsequenz im Denken, das oft so rauh und nachsichtslos in die Gedankengebilde der menschlichen Gemütswelt hineingreift, und jene Vertretung des Idealismus als eines begeisterten Wollens, dessen Gemütshintergrund in starken und heissen, wenn auch oft nur wenig klaren Gefühlen besteht? Kann denn auch wohl ein hinreissender Lehrer und Redner zugleich ein nüchterner Denker sein, und muss nicht der gewissenhafte Forscher in sich die persönlichen Fähigkeiten immer mehr unterdrücken lernen, vermöge deren vielleicht auch er von Haus aus imstande gewesen wäre, für die Ideale des menschlichen Gemütslebens eine werbende Kraft zu entfalten? Oder soll sich etwa beides auf die verschiedenen Individuen, aus denen der akademische Lehrkörper besteht, in irgend welcher Proportion verteilen?

Tatsächlich wird allerdings bei der Verschiedenheit der persönlichen Begabung die Lösung jener Frage stets mehr oder weniger auf eine solche Arbeitsteilung hinauskommen. Und praktisch angesehen, ist das auch nicht einmal die schlechteste Art ihrer Lösung. Denn die Arbeitsgemeinschaft, die uns unter einander verbindet, vermag immer wieder die Gefahren der Einseitigkeit zu paralysieren, die sonst für die einzelnen Persönlichkeiten und für deren Wirksamkeit in ungleich stärkerem Masse vorhanden wären. Dagegen die frivole Auslegung jener Personalunion von Forscher und Lehrer wird jeder von uns ohne weiteres als eine unwürdige Zumutung zurückweisen, dass man zwar in der Einsamkeit des Studierzimmers und allenfalls in wenig gelesenen gelehrten Druckschriften seiner wissenschaftlichen Überzeugung die Ehre geben dürfe, sobald man jedoch auf dem Katheder oder auch in der Öffentlichkeit zu reden habe, irgend welche andere durch Herkommen oder Nützlichkeit legitimierte Ansichten pflichtmässig vertreten müsse. Vielmehr ebenso auch zu lehren, wie man denkt, weil man darin nach bestem Gewissen die Wahrheit erblickt, das macht recht eigentlich des akademischen Berufes Pflicht und Ehre aus. Seine Magna charta aber ist in dem Satze der preussischen Verfassung (Tit. II. Art. 20) gegeben, dass die Wissenschaft und ihre Lehre frei ist.

Nicht in agitatorischer Absicht als effektvolles Schlagwort will ich hier die Freiheit der Wissenschaft zur Sprache bringen. Dankbarer und wichtiger erscheint es mir, den Fragen nachzugehen, worin denn ihr eigentlicher Sinn und der Grund für ihre unbedingte Berechtigung liegt, und weshalb wir einfach darauf bestehen müssen, sie ohne irgend welche Einschränkungen aufrecht zu erhalten.

Frei nun ist jede menschliche Tätigkeit nur, wenn die Bestrebungen des Wollens, die in ihr als lebendige Kraft wirksam sind, ungehindert durch fremde Gewalten sich in ihrer Eigenart und Gesetzmässigkeit ausgeben und leistungsfähig erweisen können. In diesem Sinne frei ist die Wissenschaft, wenn sie wirklich nur sie selbst ist und gar nichts anderes sein soll, als was mit zureichendem Grunde auch wirklich als Wissenschaft kann ausgegeben werden. Dann aber gilt es auch, sie von allem nicht wissenschaftlichen, d. h. vielmehr praktisch bestimmten Denken scharf zu unterscheiden. Denn die Verwechselung und Vermischung mit Denkgebilden von solcher Art ist bisher noch immer der entscheidende Grund aller Versuche gewesen, der Wissenschaft, deren Wesen man verkannte, auch die Freiheit ihrer Eigenart zu missgönnen und zu nehmen.

Die Frage nach der Freiheit der Wissenschaft führt so zurück auf die andere nach ihrem eigentümlichen Wesen. Diese Frage aber ist zunächst durchaus ein Problem der Logik. Denn wenn irgendwo, so kommt es in der Wissenschaft auf den Gewinn von Urteilen an, die durch richtiges Denken zu bilden sind. Dessen Regeln aber ermittelt die Logik. Doch sind wie über die Aufgabe der Logik selbst, so auch über das Wesen der Wissenschaft in der Philosophie recht verschiedene Ansichten vertreten. Es wird genügen, hier die drei wichtigsten Typen, in denen die neuere Philosophie den Begriff der Wissenschaft ausgeprägt hat, in ihren Grundzügen zu charakterisieren und kritisch zu würdigen.

Der grosse deutsche Denker, dessen hundertjähriger Todestag demnächst auch unserer Universität zu einem weihevollen Gedenktage werden soll, hat die Wissenschaft gelehrt, auch ihre letzten eigenen Voraussetzungen einer kritischen Untersuchung zu unterziehen, um so vor allem zunächst einmal die Grenzen des menschlichen Erkennens mit sicherer Methode zu bestimmen. Dennoch hat Kant aus diesem von ihm selbst geübten wissenschaftlichen Verfahren nicht auch die allein möglichen methodologischen Konsequenzen gezogen. Denn nicht die in die tiefsten Gründe des menschlichen Denkens eindringende kritische Forschung wurde ihm zum Typus der eigentlichen wissenschaftlichen Leistung. Sondern den Begriff der Wissenschaft fasste er wesentlich nur im Sinne von überkommenen Traditionen, denen er, ohne sie selbständig zu prüfen, in aller Unbefangenheit folgte. Zwar nimmt er gerade auch für seine Kritik des reinen Vernunftvermögens den Charakter einer wissenschaftlichen Erkenntnisweise in Anspruch. Insofern aber ist ihm doch nur die Seite an seiner Leistung von Wichtigkeit, dass er jene kritische Aufgabe in der Form eines in hohem Grade unveränderlichen und bis in die kleinsten Teile vollständigen Systems gelöst zu haben sich bewusst ist. Und so erschien ihm selbst seine Kritik der reinen Vernunft, deren ursprüngliche rein kritische Absicht er später überwiegend ignorierte, vielmehr nur als die notgedrungene, wenn auch grundlegende Vorarbeit für eine neue Metaphysik, die, weil sie wirklich Wissenschaft sei, an die Stelle der bisherigen lediglich dogmatistischen Metaphysik treten müsse. Im Unterschiede von dieser nämlich soll es jener eigentümlich sein, dass sie für ihre Sätze auch zureichende Beweise würde führen können, die sich aus sicheren Prinzipien a priori und daher mit apodiktischer Gewissheit ergeben. So gilt Kant die neue Metaphysik als eine der Mathematik gleichstehende Wissenschaft im vollen und eigentlichen Sinne des Wortes. Denn Wissenschaft überhaupt ist nach seiner Ansicht nichts anderes als Doktrin, ihr Verfahren ist dogmatisch, ihre Form ist die eines schulgerechten Systems. Auch für die neue Metaphysik als Wissenschaft soll daher die strenge Methode des berühmten Wolf, des grössten unter allen dogmatischen Philosophen, wie Kant ihn nennt, vorbildlich sein. Denn Wolf zuerst gab das Beispiel, „wie durch gesetzmässige Feststellung der Prinzipien, versuchte Strenge der Beweise, Verhütung kühner Sprünge und Folgerungen der sichere Gang einer Wissenschaft zu nehmen sei“.

Auch für alle anderen Wissenschaften aber soll das „doktrinale“ Moment charakteristisch sein. Insofern muss jede ihrem besonderen Masstabe entsprechen. „Mathematik hat ihren in sich selbst, Geschichte und Theologie in weltlichen oder heiligen Büchern, Naturwissenschaft und Arzneikunst in Mathematik und Erfahrung, Rechtsgelehrsamkeit in Gesetzbüchern, und sogar Sachen des Geschmacks in Mustern der Alten“. Doch haben die Mehrzahl dieser Masstäbe nur empirische Geltung. Alle Empirie aber hält Kant im Vergleich mit den Prinzipien a priori für so wenig beweiskräftig, dass er von den eigentlichen, weil apodiktisch beweisenden die uneigentlichen, d. h. nur empirisch begründeten Wissenschaften scharf unterscheidet. Zu diesen rechnet er sogar die Chemie und vor allem die Psychologie. Eigentliche Wissenschaften dagegen sollen nur die Metaphysik der Natur und der Sitten, die Mathematik und die Naturwissenschaften sein, in denen und soweit in ihnen Mathematik anwendbar ist. Andererseits legt Kant grosses Gewicht darauf, dass man die Grenzen der verschiedenen Einzelwissenschaften nicht in einander laufen lasse. Eine jede von ihnen hat vielmehr ihr eigenes Territorium und soll selbständig neben den übrigen als System ausgebildet werden.

Die grundsätzliche Abweichung von dieser Forderung ist charakteristisch für die zweite typische Form, in der in neuerer Zeit der Begriff der Wissenschaft ausgeprägt erscheint. Jene pluralistische Systematik nämlich genügte schon Reinhold nicht mehr, noch weniger Fichte und den anderen von ihm beeinflussten Philosophen der Romantik, die Kants kritizistischen Standpunkt meinten überbieten zu können und doch nur einen neuen, lediglich spekulativen Dogmatismus als die wahre Wissenschaft zu vertreten unternahmen. Von ihnen nun wird einmal der Begriff eines wissenschaftlichen Systems dahin zugespitzt, dass alle in einem solchen zusammenzufassenden Erkenntnisse auch notwendig aus einem einzigen gemeinsamen Prinzip deduziert werden müssten. Darüber hinaus aber forderte man ausserdem, dass in derselben Weise auch alle einzelnen Systeme des Wissens durch Ableitung aus einem obersten einheitlichen Grundprinzip als ein wissenschaftliches Gesamtsystem zu begreifen und zu gestalten seien.

Der nüchternste und besonnenste dieser Denker

freilich gab ohne Umschweife zu, dass das mit dem höchsten Sein angeblich identische höchste Wissen, aus dem alle untergeordneten Wissenschaften notwendig abzuleiten seien, noch lange nicht vollendet und daher auch nicht allgemeingiltig sei. Dennoch galt auch Schleiermacher jenes Ideal einer spekulativen Systematik als der selbstverständliche Masstab, dem jede einzelne Disziplin des Wissens in der Form ihrer Darstellung genügen müsse, um überhaupt als Wissenschaft anerkannt werden zu können. Den Fortschritt alles wissenschaftlichen Erkennens aber suchte er auf dessen Wechselwirkung mit einem in seiner Art kunstmässigen Handeln zurückzuführen. In der Tat sind für das von ihm und den anderen Theoretikern der Romantik vertretene Ideal der Wissenschaft vielmehr ästhetische, als intellektualistische Gesichtspunkte bestimmend gewesen.

Und dies allein schon entscheidet gegen jene Ansicht, die obendrein durch die stärksten logischen Bedenken getroffen wird. Muss ihr doch von vorn herein jede andere Deutung der Wissenschaft überlegen sein, die deren Wesen vielmehr aus den eigentümlichsten Leistungen des menschlichen Erkennens selbst zu begreifen sucht. Durch den Masstab einer monistischen Systematik dagegen kann höchstens die künstlerische Darstellungsform des Wissens, nicht aber auch dessen Inhalt und vor allem nicht die Art, wie dieser zu gewinnen ist, zureichend normiert werden. So gebührt schon dem Kantschen Begriff von der Wissenschaft der Vorzug vor dem romantischen. Denn der wissenschaftliche Beweis, der Kant als das für das Wesen der Wissenschaft ausschlaggebende Moment galt, ist immerhin ein integrierender Bestandteil des wissenschaftlichen Denkens selbst, während die von Schleiermacher ausgezeichnete systematische Darstellungsform für dessen Betrieb und Ergebnisse stets nur sekundär und accidentell bedeutsam sein kann.

So ist denn auch der Nimbus der Wissenschaftlichkeit, dessen sich die romantische Philosophie eine Zeit lang erfreute, bald genug wieder verflogen, seitdem ihre eigentliche Glanzleistung, die absolute Begriffsdichtung der Hegelschen Spekulation, ihren bisherigen Kredit immer mehr einbüsste. Wirkt ihre Methode in abgeschwächter Gestalt auch noch immer bei vielen Theologen und mehr latent bei manchen Philosophen nach, so ist doch nicht durch sie der Fortschritt der Wissenschaft bestimmt, der sich im 19. Jahrhundert in einem bis dahin fast beispiellosen Masse vollzogen hat. Der neueren Entwicklung der naturwissenschaftlichen und der historischen Forschung entspricht vielmehr ein völlig anderer, der dritte Typus des Begriffs der Wissenschaft. Charakteristisch für ihn ist die grundsätzliche Beschränkung der Betrachtung auf die empirisch gegebenen Quellen eines möglichen Wissens, die Forderung einer möglichst exakten Beobachtung der in diesem Bereich ermittelbaren Tatsachen und der vorherrschende Gebrauch der induktiven Methode als eines Erkenntnismittels, das zur Vermehrung unseres wirklichen Wissens von der Welt der deduktiven

Schlussfolgerung an Leistungsfähigkeit weit überlegen ist.

Diese tiefgreifende Veränderung des wissenschaftlichen Betriebes und der in ihm bevorzugten Betrachtungsweise spiegelt sich in der gleichzeitigen Entwickelung der logischen Theorie. Hatte David Hume das Problem der Induktion im Zusammenhange mit dem der Kausalität zum ersten Male in seiner Eigentümlichkeit und Selbständigkeit erfasst, so ging Stuart Mill zwar zu weit, wenn er die Induktion als das Fundament auch aller deduktiven Wissenschaften zu erweisen versuchte. Aber er lehrte das wissenschaftliche Verfahren überhaupt nur als eine verbesserte Form des noch nicht durch die Wissenschaft geleiteten menschlichen Denkens kennen. So wird die zuvor vielmehr nur durch künstliche und willkürliche Abstraktionen begründete Wissenschaft auf den Boden ihrer natürlichen Voraussetzungen gestellt. Andererseits setzte Trendelenburg der von Kant eingeführten rein formalen Logik und der Hegelschen Dialektik den fruchtbaren Grundsatz entgegen, dass die Tatsachen, die die Logik zu beobachten habe, um sie abzuleiten, die Methoden der einzelnen Wissenschaften seien. Die einzig mögliche Konsequenz aus dieser weittragenden Einsicht aber haben trotz ihrer bedeutenden Verdienste um die inhaltliche Bereicherung der Logik nicht schon Überweg und Lotze, Sigwart und Wundt, sondern erst Benno Erdmann gezogen, der endlich klar und sicher die Logik als die Theorie nur des wissenschaftlichen Denkens auffassen lehrt. Denn während alles nichtwissenschaftliche Denken durch unsere praktischen Bedürfnisse bestimmt wird, will die Wissenschaft vielmehr lediglich objektive, d. h. allgemeingiltige theoretische Urteile über die Beschaffenheit und die Beziehungen der von uns vorgestellten Gegenstände gewinnen. Indem sich so aber die theoretische Weltauffassung von der praktischen Weltanschauung als ihrem immerhin stets unentbehrlichen Hintergrunde abhebt, erscheint das von Kant in der Unterscheidung der theoretischen von der praktischen Vernunft aufgestellte Programm in seiner wesentlichen Tendenz aufrecht erhalten, aber mit leistungsfähigeren begrifflichen Mitteln durchgeführt.

Die Konsequenzen dieser Auffassung für eine allgemeine Theorie der sei es religiös oder nicht religiös begründeten, in jedem Falle aber praktisch bestimmten Weltanschauungen können hier nicht weiter verfolgt werden. Es genügt festzustellen, dass der Begriff der Wahrheit, den das religiöse Denken für die Inhalte seiner transszendenten Vorstellungen in Anspruch nimmt, in wichtigen Beziehungen von dem Ideal der Wahrheit abweicht, das für die Arbeit der Wissenschaft massgebend ist, wenn diese den Regeln der Logik gemäss allgemeingiltige oder objektiv richtige Urteile über die Gegenstände unserer innerweltlichen Erfahrung zu gewinnen sucht.

In paradox zugespitzter und dennoch klassischer Form hat denselben Unterschied bereits Lessing zum Ausdruck gebracht. Die in der Rechten Gottes verschlossen gehaltene reine Wahrheit wollte er Gott allein vorbehalten wissen. Sich selbst aber entschied er für den einzigen immer regen Trieb nach Wahrheit, den Gottes Linke barg, auch auf die Gefahr hin, sich immer und ewig zu irren. Die Wahrheit im religiösen Sinne also liess er grundsätzlich dahin gestellt, indem und soweit er darauf ausging, die geschichtliche Wahrheit überhaupt erst zu suchen. Aber die Gefahr des ewigen Irrtums, die Lessing bereitwillig mit in den Kauf nahm, ist ja gerade das, was die Logik meint vermeiden lehren zu können, indem sie die Regeln entwickelt, durch deren Beobachtung die Wissenschaft allgemeingiltige Erkenntnisse zu gewinnen vermöge. In seinem unersättlichen Forscherdrange unterschätzte Lessing die Möglichkeit einer solchen, wenn auch nicht unbeschränkten, so doch in weitem Umfange erreichbaren Beweisführung für die Ergebnisse der wissenschaftlichen Forschung. Dagegen meinte Kant gerade nur in der Fähigkeit, apodiktisch gewisse Beweise leisten zu können, das ausschlaggebende Merkmal eines wirklich strengen Begriffs von der Wissenschaft feststellen zu müssen.

Wie haben wir nun diesen Unterschied, der natürlich zugleich auch eine Stimmungsdifferenz zwischen den beiden grossen Kritikern bedeutet, zu beurteilen? Bei Kants vorwiegend mathematisch bestimmten Denkgewöhnungen ist es wohl zu verstehen, dass er auf die in ihrer logischen Art vollkommene Beweisführung das grösste Gewicht legte. In Lessings Bemühungen um den Begriff der Wahrheit tritt dagegen das historische

Interesse eines vielseitig gebildeten und überaus regsamen Geistes hervor. Und doch hat gerade derselbe Lessing der ihm auch mit Kant gemeinsamen Denkweise seines ganzen Zeitalters den charakteristischen Ausdruck zu prägen vermocht, indem er zufällige Geschichtswahrheiten niemals als den Beweis von notwendigen Vernunftwahrheiten gelten lassen wollte. Aber wenngleich zufällig und nicht denknotwendig, in jedem Falle ist auch die geschichtliche Wirklichkeit eine Frage der Wahrheit und daher ein Erkenntnisgegenstand, dessen Inhalt und Beziehungen der wahrheitsuchende Forscher mit nicht geringerem Eifer nachzugehen hat, als auch den notwendigsten Vernunftwahrheiten. Dies ist die Seite an der Wahrheit, die Lessing von entscheidender Wichtigkeit war, wenn er sagte: „Nicht die Wahrheit, in deren Besitz irgend ein Mensch ist oder zu sein vermeint, sondern die aufrichtige Mühe, die er angewandt hat, hinter die Wahrheit zu kommen, macht den Wert des Menschen aus."

Damit ist nun freilich einerseits wieder viel zu viel behauptet. Denn im allgemeinen hängt der Wert des Menschen keineswegs von der Intensität seiner etwaigen theoretischen Bemühungen um die Wahrheit ab. Wohl aber darf erwogen werden, ob der von Lessing geltend gemachte Gesichtspunkt anderseits nicht gerade für den Wert der wissenschaftlichen Arbeit und damit zugleich auch für das Wesen der Wissenschaft in einem höheren Grade charakteristisch ist, als die von Kant allein hervorgehobene Beweiskräftigkeit der sogen. eigentlichen Wissenschaften. Ist denn wirklich in der Wissenschaft die Möglichkeit einer apodiktischen Beweisführung von einer solchen Bedeutung, dass sie einen spezifischen Rangunterschied zwischen den verschiedenen Wissenschaften begründen müsste?

Sehen wir von der Mathematik und von den ihr methodisch nahestehenden Zweigen der Naturwissenschaft ab, so genügt dem Kantschen Ideal heutzutage keine einzige Wissenschaft mehr. Denn gerade die Metaphysik, auch in der ihr von Kant zugedachten Erneuerung ihrer Grundlagen, kann bei dem inzwischen fortgeschrittenen Stande unseres Erkennens im besten Falle nur noch als eine uneigentliche Wissenschaft anerkannt werden. Und zwar ist auch dieses nur möglich, wenn man den alten Namen Metaphysik auf die von Kant begründete neue Disziplin der Erkenntnistheorie überträgt. Diese aber nimmt im vollsten Masse an den besonderen Schwierigkeiten der Erkenntnis teil, durch die im Unterschiede von den Naturwissenschaften sämtliche Geisteswissenschaften gedrückt sind.

Doch auch die Ungunst der Verhältnisse, die diesen schon die Erfassung ihrer Erkenntnisobjekte und mehr noch die Führung evidenter Beweise für ihre Ergebnisse so bedeutend erschwert, ist kein zureichender Grund dafür, den von solchen Nachteilen verschonten Naturwissenschaften einen Vorrang vor den Geisteswissenschaften zuzusprechen. Denn sobald überhaupt die Induktion als ein in der Wissenschaft heimatsberechtigtes, weil ergebnisreiches Verfahren anerkannt wird, handelt es sich nur noch um Gradunterschiede zwischen den relativen Wahrheiten und den mit diesen zusammenfliessenden grösseren oder geringeren Wahrscheinlichkeiten, die beide Male durch dieselbe logische Methode gewonnen werden. Bestimmte und feste Grenzen also sind nirgends mehr vorhanden, wie sie doch Kant in seiner Theorie meinte aufweisen zu können. Gibt man diese also preis, um den wissenschaftlichen Vollwert des induktiven Verfahrens zu behaupten, so haben an dem so erreichten Gewinn auch die induktiven Geisteswissenschaften ihren Anteil. Versucht man dagegen Kants Ansicht, sei es auch in einer die neueren Fortschritte der naturwissenschaftlichen Methode berücksichtigenden Erweiterung, aufrechtzuerhalten, dann darf man sich auch die Konsequenzen nicht verhehlen, zu denen dieser Standpunkt unvermeidlich führt.

Soll nämlich die Wissenschaft im eigentlichen Sinne wirklich dadurch charakterisiert sein, inwieweit sie vollkommen evidente Beweise für ihre Ergebnisse zu erbringen vermag, dann würde sie auch von solchen getrieben werden, die es gelernt hätten, derartige Beweise nicht etwa selbst zu finden, sondern, belehrt durch andere, lediglich zu reproduzieren. Dann aber würde, um gleich ein ganz krasses Beispiel für sich reden zu lassen, ein Tertianer, der den Lehrsatz des Pythagoras richtig zu demonstrieren verstände, als der Vertreter einer eigentlichen Wissenschaft manchem hervorragenden Historiker wissenschaftlich überlegen sein, der seine mathematischen Schulkenntnisse längst vergessen, auf seinem eigentlichen Arbeitsgebiete dagegen epochemachende Forschungen aufzuweisen hat, für deren Ergebnisse er freilich leider nur mit blossen Wahrscheinlichkeitsbeweisen einstehen kann. Die Absurdität einer solchen Folgerung liegt auf der Hand. Dann aber kann auch Kant in seiner Theorie nicht die der Wissenschaft als solcher eigentümlichsten Merkmale zum Ausdruck gebracht haben.

Dagegen führt nun vielmehr der von Lessing angegebene Gesichtspunkt zu einem Begriff von dem eigentümlichen Wesen der Wissenschaft, der sowohl den überwiegend induktiven, als auch den rein deduktiven Disziplinen gleichmässig gerecht wird, indem er zur vollsten Geltung bringt, was beiden gemeinsam ist, und was sie zugleich von allem nicht wissenschaftlichen Denken charakteristisch unterscheidet. Blickt man nämlich nicht mehr einseitig auf den Besitz von fertigen Wahrheiten, sowie sie sich auf dem Gebiete der Wissenschaft in deren evident bewiesenen Ergebnissen darstellen, sondern auf die aufrichtige, wenn auch oft vielleicht nur erfolglose Bemühung um die Erkenntnis von neuen Wahrheiten, dann ist die Wissenschaft in ihrem eigensten Wesen und innersten Kern vielmehr eine Kunst des Fragens und Prüfens, des Forschens und Suchens, als des mehr oder weniger vollkommenen Beweisens. Solchen Aufgaben einer immer weiter um sich greifenden Wahrheitsforschung aber liegen nicht nur die empirisch-induktiven, sondern auch die wenigen rein deduktiven Wissenschaften ob, soweit sie überhaupt produktiv sind. So muss z. B. auch der Mathematiker, wenn er auf seinem Gebiete neue Erkenntnisse gewinnen will, sich zuerst mit rastlosem Eifer und heissem Kopfzerbrechen um neue Erkenntnisse bemühen, bevor er dann auch im günstigen Falle dazu im Stande ist, sie demonstrativ zu beweisen. Also steht es mit seiner wissenschaftlichen Produktion als solcher ganz ebenso wie mit der Forscherarbeit, so wie sie auch auf den Gebieten der bloss empirischen Wissenschaften von der Natur und von dem geistigen Leben getrieben und geleistet wird.

Gewiss nun ist und bleibt es auch so das Ziel aller wissenschaftlichen Bemühungen, möglichst zwingende und mindestens möglichst einwandfreie Beweise für deren Ergebnisse zu führen. Normaler Weise ergibt sich jedoch der einer bestimmten Erkenntnis adäquate Beweis mehr oder weniger ganz von selbst aus den methodischen Operationen, durch die ein solches Wissensergebnis zuvor hat gewonnen werden müssen. So stellt er denn auch, wenn er wirklich geglückt ist, nichts weiter als das abschliessende Stadium einer wissenschaftlichen Untersuchung dar. Die geistige Energie des wissenschaftlichen Erkennens aber ist in deren früheren Stadien in einem sehr viel höheren Grade wirksam. Denn die noch ungelösten Probleme sind es, die den Erkenntnisdrang erregen und steigern, und die der folgerichtig fortschreitende Denker zu bewältigen strebt. Ist ein Problem dagegen erst gelöst und eine Erkenntnis bewiesen, dann ist auch die ihm zugewandte wissenschaftliche Leistung zu Ende, und der produktive Forscher wendet sich nun eben wieder anderen Problemen zu. Denn was erst noch der Aufklärung harrt, interessiert und beschäftigt ihn innerlich mehr, als was, weil es bereits bewiesen ist, auch schon zum Gemeingut aller Gebildeten werden kann.

Was diesen jedoch, soweit sie nicht selbst wissenschaftlich interessiert sind, an der Wissenschaft am wichtigsten ist, das sind allerdings vielmehr deren Ergebnisse und etwaige Beweise, als ihre Methode und ihr reines Wahrheitsstreben. Denn in dem Masse, als neue Erkenntnisse bewiesen sind, lassen sie sich auch in dem Dienste von praktischen Aufgaben des Lebens technisch verwerten und nutzbringend ausbeuten. So aber ist es denn auch der Gesichtspunkt der Nützlichkeit, nach dem die Praktiker, voran die Opportunisten und vermeintlichen Realpolitiker, den Wert der Wissenschaft und ihrer Vertreter nur allzu oberflächlich abzuschätzen pflegen. Fragt jemand aber erst nach dem Nutzen und nicht mehr allein nach der Wahrheit der wissenschaftlichen Erkenntnis, so beweist er damit nur, dass ihm die Wissenschaft in ihrem eigensten Wesen völlig fremd geblieben ist. Wer reinen und ehrlichen Sinnes selbst ihr dient, wird sich dagegen keine andere Frage so weit entfernt halten, als gerade die nach dem praktischen Nutzen seiner Arbeit. In diesem Punkte nahm auch Kant trotz seiner verfänglichen Theorie das Lebensinteresse der Wissenschaft auf das nachdrücklichste wahr. „Es ist“, sagt er, „ein ebenso unweiser als ungerechter Vorwurf, der grossen Männern, welche mit mühsamem Fleisse die Wissenschaft bearbeiten, von schalen Köpfen gemacht wird, wenn diese dabei fragen: Wozu ist das nütze? — Diese Frage muss man, indem man sich mit Wissenschaften beschäftigen will, gar nicht einmal aufwerfen . . . Der innere Wert, den Erkenntnisse durch logische Vollkommenheit haben, ist mit ihrem äusseren — dem Werte in der Anwendung — nicht zu vergleichen."

So oft sich dennoch die Wissenschaft von Politikern und anderen Praktikern, die sie nur nach ihrem greifbaren und praktisch verwertbaren Ertrage zu würdigen wussten, ihr Programm oder gar die Ergebnisse hat vorschreiben lassen, die sie gewinnen müsste oder nicht gewinnen dürfte, hat sie noch jedes Mal an der Lauterkeit ihres Wahrheitsstrebens und Wahrheitssinnes Schaden gelitten. Sie ist dann eben in verschiedenen Formen zur Sophistik entartet. Dass sie aber dieser Gefahr überhaupt ausgesetzt ist, beweist, dass ihr lebendiger Betrieb nicht nur eine logische, sondern auch eine ethische Seite hat. Das pflegt man allerdings zu übersehen, wenn man an ihr bloss beachtet, inwieweit sie ihre Erkenntnisse mehr oder weniger triftig beweisen kann. Denn reisst man so den technischen Ertrag ihrer logischen Leistungen aus der lebendigen Einheit ihres gesamten Betriebes heraus, dann freilich abstrahiert man zugleich auch von ihren ethischen Qualitäten und damit von dem Wert, den sie als ein wichtiges Glied der menschlichen Kulturarbeit im Zusammenhange nicht nur des persönlichen Lebens ihrer Vertreter, sondern auch der sozialen Entwicklung der ganzen Menschheit in Anspruch nehmen muss.

Die ethische Struktur der Wissenschaft aber

beruht darauf, dass ihr die Wahrheit, die sie mit ihren methodischen Mitteln sucht, als ein reines und hohes, in ihrem gesamten Umfange jedoch stets unendlich fernes Ideal gilt. Doch gerade durch diese Eigenschaften erweist es sich als ein echtes Ideal. Denn allen echten Idealen ist es eigentümlich, dass man sich ihnen auch durch das eifrigste Streben und lauterste Wollen immer nur in weitem Abstande Schritt für Schritt zu nähern vermag. Jede solche Annäherung aber ist nur möglich in einer den Idealen selbst adäquaten Gesinnung. Und diese Gesinnung nennen wir Idealismus. Wer von ihr erfüllt ist, produziert in seinem lebendigen Wollen und Denken immer wieder die Ideale selbst, mit deren erstmaliger Konzeption auch die Entstehung seiner idealistischen Bestrebungen zusammenfiel. Ideale aber gibt es verschiedene und von verschiedener Art: so gibt es nebeneinander auch verschiedene Arten des Idealismus. Doch der einzelne Mensch kann zugleich von dem Streben nach mehreren Idealen erfüllt sein. Auch die Wissenschaft nimmt für das ihrige die Forscher und Denker, die ihr dienen, nicht in jedem Moment ihres Lebens ausschliesslich in Anspruch. In dem Umfange aber, in dem sie den eigentlichen Lebensberuf eines einzelnen bildet, ist dessen Arbeit im Dienste ihrer Aufgaben lediglich an die Normen gebunden, die sich aus dem Ideal der objektiven Wahrheit ergeben, und die, so verschieden auch die besonderen Erkenntnisgebiete sein mögen, dennoch dieselben sind und bleiben.

Insofern fordert das wissenschaftliche Ideal

von seinen Dienern in erster Linie rücksichtslose Wahrhaftigkeit, und zwar vor allem andern als Aufrichtigkeit des die Wahrheit Suchenden gegen sich selbst. Denn Wahrheit im Sinne von objektiver Erkenntnis des in der Welt gegebenen Wirklichen kann immer nur zu finden erwartet werden, soweit es dem Forscher gelingt, sozusagen in seinen Erkenntnisobjekten und aus ihnen heraus zu denken. Handelt es sich doch dabei um nichts anderes, als dass ein jedes von ihnen, um auch wirklich objektiv erkannt zu werden, in seiner besonderen Eigenart und zugleich in seinem realen Zusammenhange mit vielen anderen Objekten erfasst und begriffen werde. Aus diesem Grunde aber muss sich das erkennende Subjekt jedenfalls in den entscheidenden Akten seiner wissenschaftlichen Urteilsbildung — was aber nur bei strengem Wahrheitssinn und ernstester Selbstkritik einigermassen gelingen kann — aller nur subjektiven Interessen, Neigungen, Wünsche und Vorurteile, die sonst auch sein persönliches Leben bewegen mögen, ganz geflissentlich enthalten. Denn alle solche das praktische Leben erfüllenden und bestimmenden Gefühls- und Willensregungen sind, wenn man ihnen auch auf die theoretische Gedankenbildung Einfluss einräumt, nur dazu geeignet, die objektive Erkenntnis, auf die allein es die Wissenschaft absieht, zu trüben, zu gefährden oder gar zu vereiteln.

Insofern ist die echte Wissenschaft allerdings voraussetzungslos. Nur freilich ist sie dies nicht in dem Sinne, als ob sie überhaupt von allen Voraussetzungen abstrahierte. Viehmehr beruht auch sie durchaus auf solchen. Setzt sie doch nicht nur die ihr gegebenen Erkenntnisobjekte und immer auch schon irgend welches Wissen von diesen voraus, sondern auch das erkennende Subjekt selbst mit seinen intellektuellen, methodischen und moralischen Fähigkeiten, ferner die Möglichkeit, durch deren Betätigung bisher noch unbekannte Wahrheiten zu finden, und endlich das Vorhandensein einer bereits bestehenden und wirksamen Arbeitsgemeinschaft mit ganz bestimmten Traditionen eines mehr oder weniger gesichteten und verifizierten Wissens und bewährter Methoden. Voraussetzungslos dagegen muss die Wissenschaft um der Reinheit ihres eigenen Betriebes willen lediglich insofern sein, als ihre Vertreter mit allen Kräften einer unerbittlichen Selbstbeherrschung danach zu streben haben, alle Voraussetzungen der subjektiven Stimmung und Voreingenommenheit bei der Bildung ihrer theoretischen Urteile ausser Kraft zu setzen.

Alle Selbstbeherrschung nun ist stets der Ertrag zahlreicher Selbstüberwindungen, die ihr in der gleichen Richtung des Wollens vorangegangen sind und sich in ihr als einem nach und nach erworbenen inneren Besitze niedergeschlagen haben. Solche persönliche Dispositionen aber entstehen nicht aus sich selbst. Denn auch jede Selbsterziehung setzt als ihren ersten wirksamen Grund regelmässig die Erziehung durch andere voraus. So wird das einzelne Individuum auch nicht schon durch irgend einen allgemeinmenschlichen Erkenntnistrieb oder Kausalitätsdrang, der in ihm wie in allen anderen Menschen lebendig wäre, zur Mitarbeit an der wissenschaftlichen Forschung befähigt. Sondern auf der natürlichen Basis eines kräftigen Wissensdurstes und unter Voraussetzung aller der erziehlichen Einwirkungen, die bereits der elementare und dann der höhere Schulunterricht geleistet hat, bedarf es für jeden Jünger der Wissenschaft immer auch einer zweckmässigen Anleitung zur Bewältigung wissenschaftlicher Aufgaben und wohl noch mehr der wirksamen Anregung und des vorbildlichen Einflusses von solchen, die bereits in dem wissenschaftlichen Leben mitten drinnen stehen.

Auf solche Weise andere in dieses einzuführen, das ist der höchste Dienst, den die akademischen Lehrer ihren Schülern direkt zu erweisen vermögen. Doch sind es im ganzen immer nur wenige unter diesen, die auch wieder die wissenschaftliche Arbeit zu ihrem Lebensberufe erwählen. Auch den übrigen aber, der grossen Mehrzahl von ihnen, sind wir berufen und verpflichtet, nach dem Masse und der Art unseres Könnens zu dienen.

Was leisten wir denn nun diesen mit unserer Wissenschaft und mit deren Lehre? Hier ist allerdings die Frage nicht zu umgeben, welchen Nutzen der akademische Unterricht denen abwirft, die ihn erfahren. Doch handelt es sich ja nun auch nicht mehr darum, das Wesen und den Wert der Wissenschaft selbst zu bestimmen. Sondern es fragt sich lediglich nach einer ihrer Folgen, nach dem Segen der akademischen Lehrtätigkeit, also derjenigen unserer Funktionen, durch die auch wir dem praktischen Leben angehören und in dieses wirksam einzugreifen berufen sind.

Insofern ist es nun zunächst auch unsere Aufgabe, unseren Zuhörern gemäss dem jeweiligen Stande der wissenschaftlichen Forschung ein mehr oder weniger fertiges Wissen bloss zu überliefern, damit es von ihnen als eine unentbehrliche intellektuelle Mitgift für die Ausübung ihres künftigen praktischen Berufes gedächtnismässig angeeignet werde. Doch beweisen es gewisse, bei uns freilich übel angesehene Einrichtungen eines, wenn ich so sagen darf, wilden Unterrichts in manchen Universitätsdisziplinen, dass das der künftigen Technik der praktischen Berufe dienliche Wissen nicht notwendig von akademischen Lehrern gelehrt zu werden braucht. Handelte es sich also um gar nichts weiter, als um dessen zweckmässige Mitteilung an das Gedächtnis der Studenten, dann täte der Staat vielleicht sogar besser, den kostspieligen und komplizierten Apparat der Universitäten durch möglichst praktisch fungierende seminaristische Lehranstalten zu ersetzen.

Doch würden diese schon gleich in einem ferneren wichtigen Stücke versagen, in dem sich gerade nur der akademische Unterricht als leistungsfähig erweist. Denn es kommt auch darauf an zu lehren und zu lernen, wie man es anfängt, auf allen Gebieten des menschlichen Erkennens ein möglichst zuverlässiges objektives Wissen zu erwerben. Und je gründlicher und vielseitiger eine solche wissenschaftliche Schulung des Geistes ist, um so mehr hat sie auch in der Regel den Erfolg, dass, wer bei durchschnittlich ausreichender Begabung ihrer teilhaft geworden ist, sich dereinst gerade in den verwickelteren Verhältnissen auch des praktischen Lebens gewandter und umsichtiger zurechtfinden wird, als ein nur auf einseitige Routine eingearbeiteter Civilanwärter.

Endlich aber ist und bleibt überhaupt alle Bildung des menschlichen Geistes notwendig unvollständig, wenn sie bei allem, wozu sie sonst auch dienlich sein mag, nicht zugleich einen Beitrag zu dessen moralischer Erziehung leistet. Eine solche nun kann erwachsenen Menschen allein in der Form des persönlichen Vorbilds innerhalb einer durch gemeinsame ideale Aufgaben beherrschten Arbeitsgemeinschaft erwiesen werden. Und nun hat gerade das Ideal der Wissenschaft wegen seiner lediglich objektivistischen Beschaffenheit vor anderen Idealen den unleugbaren Vorzug, dass es für viele, ja auf einer gewissen Bildungsstufe nahezu für alle, die nur überhaupt noch für idealistische Anregungen empfänglich sind, verständlich ist und erstrebbar werden kann. Und daher eignet sich denn auch die Wissenschaft mehr als die übrigen idealistisch gearteten Teilerscheinungen der menschlichen Kultur zum Gegenstande eines Unterrichts, der die künftigen Führer im öffentlichen Leben im idealistischen Sinne beeinflussen und ihnen mindestens ein gewisses Verständnis für die ideal-gerichteten Bestrebungen der Menschheit erschliessen soll.

Zwar wird bei den künftigen Praktikern der Idealismus, der in ihnen durch den wissenschaftlichen Unterricht etwa geweckt oder gestärkt und gefördert wird, nicht dauernd auf das nur theoretische Ideal der Wissenschaft gerichtet bleiben. Mögen an dessen Stelle dann aber auch ganz andere, religiöse, politische, humanitäre, pädagogische, organisatorische, soziale, künstlerische und sonstwie beschaffene Ideale treten, allen diesen kommt mittelbar doch immer die im akademischen Unterricht sei es gestiftete oder wirksam aufrechterhaltene Gewöhnung an eine idealistische Gesinnung und Denkweise zustatten. Denn der Übergang von verwandten zu verwandten Richtungen des Wollens und Könnens vollzieht sich im Guten wie im Bösen erfahrungsgemäss mit relativer Leichtigkeit.

Aller idealistischen Gesinnung in ihren verschiedensten Formen entgegengesetzt ist jedoch der berechnende Utilitarismus der individuellen und der sozialen Selbstsucht, der verständnislos und geringschätzig auf die persönlichen Opfer herabblickt, sowie sie dem Idealisten in irgendwelchem Masse stets seine Arbeit im Dienste einer grossen Sache auferlegt; der auch die Ideale des Lebens immer nur danach würdigt, inwieweit sie einen greifbaren und berechenbaren Nutzen abwerfen; dem die Aufrechterhaltung träger Gewohnheiten und einer diesen dienlichen Ruhe des öffentlichen und des privaten Lebens als höchste Bürgerpflicht sowohl wie als Inbegriff der persönlichen Befriedigung normaler Alltagsmenschen gilt. Im Kampfe des Idealismus gegen ein solches zugleich bequemes und dekadentes Banausentum steht die Wissenschaft und ihre Lehre in der vordersten Linie, solange und soweit sie frei ist. Denn nur als freie Wissenschaft vermag sie mit reinem Wollen und mit ungebrochenem Wahrheitssinne ihrem besonderen Ideale nachzustreben. Und nur soweit ihr dieses vergönnt ist, kann sie auch in dem weiten und wichtigen Einflussbereich, der ihrem Unterricht erschlossen ist, eine werbende Kraft für den Idealismus überhaupt entwickeln.

Dass daher den deutschen Universitäten ihre Eigenart als bewährter Pflegestätten einer freien Wissenschaft und eines triebkräftigen Idealismus, unverkümmert durch verhängnisvolle Einbrüche fremdartiger Strömungen, dauernd erhalten bleibe, ist ein dringliches Anliegen, das um der Integrität ihres bisherigen Charakters willen auch am heutigen Tage zum Ausdruck gebracht werden darf. Doch auch begründete Sorgen, an denen es in dieser Richtung keineswegs fehlt, sollen uns nicht die Festes- und Freudenstimmung trüben, die uns heute zu beherrschen allein ein Recht hat. Die Bonner Universität ist stolz auf ihre nun schon seit Generationen bestehenden besonderen Beziehungen zu dem Herrscherhause der Hohenzollern. Noch stolzer darf sie darauf sein, dass der vornehmste ihrer ehemaligen Zöglinge, dessen Geburtstag wir heute begehen, der deutsche Kaiser, mit jeder Faser seines Wesens auch ein deutscher Idealist ist. Dass das persönliche Vorbild seines reinen und lauteren Wollens in unserem vorwiegend utilitaristischen Zeitalter gerade auch auf weite und wichtige Kreise unseres Volkes, die unserem Einfluss unerreichbar sind, eine immer stärkere Einwirkung übe und gewinne, ist ein begründeter Wunsch und gewiss auch eine berechtigte Hoffnung.

Kolibri 360 GmbH
Ferdinand-Jühlke-Straße 7
99095 Erfurt, Deutschland
produktsicherheit@kolibri360.de